기차 타고 세계 여행

여러 나라의 흥미진진한 철도 이야기

너새니얼 애덤스 글 라이언 존슨 그림

우순교 옮김 박흥수 감수

여행 안내도

알래스카 철도 52

로키 마운티니어 48

북아메리카

뉴욕 앤 애틀랜틱 철도 64

모두 타세요!

기차는 장점이 많아요. 기차는 도시와 마을과 지역 사회를 연결하고, 그곳 주민들을 주변 지역과 연결해 줘요. 기차는 안전하고 믿을 만한 교통수단이에요. 비행기와 자동차보다 환경에 좋아요. 연료를 덜 쓰면서도 훨씬 많은 사람과 물건을 실어 나르니까요.

기차는 종류가 아주 다양해요. 지붕이 유리로 되어서 주변 경치를 둘러보기 좋은 관광 열차도 있고, 사람들을 집에서 일터로 실어 나르는 고속 통근 열차도 있어요. 객실에서 먹고 자면서 휴가를 즐기는 침대 열차도 있어요. 식품과 연료와 우리가 평소에 사용하는 물품을 실어 나르는 화물 열차도 있지요. 기차는 세계 곳곳을 가로질러요. 산악 지대를 지나가고, 항구 아래의 해저 터널을 지나가고, 도시와 평원과 사막과 숲을 지나가요.

기차는 타는 사람들만큼이나 다양해요! 이 책은 오늘날 세계 곳곳을 누비고 다니는 몇 가지 특별한 기차와 그 안에서 일하는 사람들 그리고 기차의 창밖으로 펼쳐지는 풍경들을 소개해 줄 거예요. 기차 여행은 정말 흥미진진하고 재미있어요! 그럼 다 같이 기차를 타러 가 볼까요?

남아메리카

58 페루 철도

칼레도니아 침대 열차와 자코바이트 10

북극권 열차 18

스노든 산악 철도 14

유럽 4

베르니나 특급 열차와 빙하 특급 열차

아시아

시베리아 횡단 철도 34

신칸센과 탄환 열차 38

인도의 산악 철도 28

아프리카

나미비아의 사막 특급 열차 24

오스트레일리아

간 44

*별표가 붙은 낱말의 뜻이 궁금하다면 70쪽의 낱말 풀이를 보세요.

베르니나 특급 열차와 빙하 특급 열차
스위스의 눈 덮인 알프스산맥을 가로지르는 열차

나라: 스위스와 이탈리아 일부
구간 거리: 베르니나 특급 열차 144킬로미터, 빙하 특급 열차 291킬로미터
주요 기차역: 체어마트, 생 모리츠, 티라노
개통: 1908년
유명한 점: 두 노선의 아름다운 고가교와 베르니나 철도의 회전식 제설차

마터호른

빙하 특급 열차가 지나가는 란트바서 고가교는 1901-1902년에 지어졌어요. 6개의 아치형 기둥이 있는 석회암 고가교 위로 철길이 놓여 있어요. 높이는 무려 65미터예요.

베르니나 특급 열차와 빙하 특급 열차는 스위스의 알프스산맥을 가로질러요. 오고 가는 구간은 다르지만, 두 열차 모두 다양한 높이와 기후를 지나가요. 베르니나 철도를 달리는 베르니나 특급 열차를 타면 눈 덮인 산과 야자나무를 모두 볼 수 있어요. 겨울에 베르니나 철도에 눈이 쌓이면 100년 이상 된 제설차로 눈을 치운답니다.

빙하 특급 열차는 마터호른 밑에 있는 체어마트에서 생 모리츠까지 달려요. 베르니나 특급 열차는 생 모리츠부터 이탈리아의 티라노까지 놓인 베르니나 철도를 지나가고요. 빙하 특급 열차는 멀미를 하는 사람이 있을 만큼 가파른 구간을 지나기도 한답니다!

두 열차 모두 알프스산맥의 아름다운 풍경을 즐길 수 있는 것으로 유명해요. 뛰어난 공학 기술로 만든 아름다운 터널과 고가교*도 지나간답니다. 베르니나 특급 열차는 9개의 아치형 기둥이 있는 나선형 고가교 위로도 지나가요.
빙하 특급 열차를 타면 높이 4,478미터의 마터호른을 볼 수 있어요. 마터호른은 절벽이 가팔라서 오르기 힘든 산 가운데 하나로 꼽혀요. 전에는 빙하 특급 열차 안에서 빙하를 볼 수 있었어요. 지금은 노선도 달라지고 기후 변화로 빙하의 크기가 줄어들어서 예전처럼 웅장한 빙하를 볼 수는 없답니다.

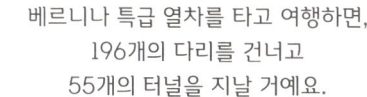

베르니나 특급 열차를 타고 여행하면, 196개의 다리를 건너고 55개의 터널을 지날 거예요.

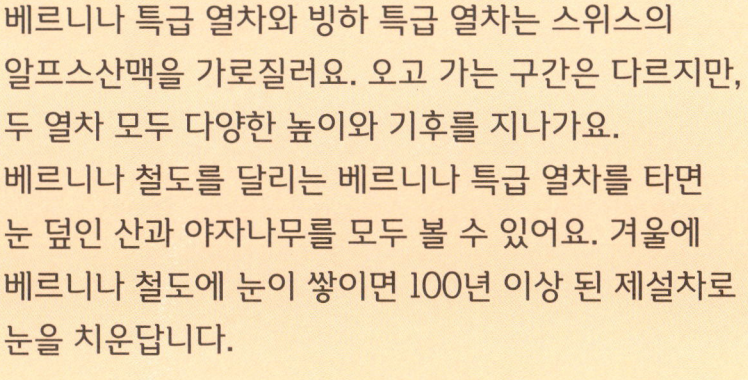

베르니나 특급 열차는 승객을 태우기 위해 개통되었지만 지금은 난방용 석유, 목재, 연료와 같은 화물*도 날라요. 베르니나 특급 열차는 눈이 펑펑 내려도 달릴 수 있어요.

베르니나 철도의 회전식 제설차는 엔진 앞에 금속으로 된 아주 크고 날카로운 회전 날개가 달려 있어요. 겨울철에는 이 회전 날개가 돌아가면서 얼음을 깎아 내 눈을 철길 밖으로 날려 보내요.

회전식 제설차는 기관차에서 연료를 태워 날카로운 날이 달린 회전 날개를 돌려요.

회전식 제설차를 쓰기 전까지, 눈이 오는 지역의 기관차*들은 차량 앞에 뱃머리처럼 생긴 뾰족한 쐐기를 달고 달렸어요. 쐐기가 눈을 철길 옆으로 밀어냈어요.

하지만 아주 두껍거나 얼음처럼 단단한 눈은 잘 치우지 못했어요. 눈을 밀어낼 만큼 에너지를 얻으려면 제설차가 아주 빨리 달려야 하는데, 눈 쌓인 산악 지대에서 빨리 달리는 건 몹시 위험했지요.

날카로운 회전 날개가 눈과 얼음을 깎아 내요.

깎인 눈과 얼음이 배출구로 나와 멀리 날아가요.

쐐기로 밀어낼 때보다 눈과 얼음이 더 멀리까지 날아가서 쌓여요.

회전식 제설차는 1869년에 한 치과 의사가 처음 발명했어요. 치과 의사가 치아를 얼마나 많이 깎아야 하는지 생각해 보면 그렇게 놀랄 일도 아니죠?

빙하 특급 열차는 세계에서 가장 느린 특급 열차예요.
특급이라는 말이 붙었지만, 8시간 동안 느긋하게
관광을 즐길 수 있답니다.

르네의 가족은 스키 타는 걸 무척 좋아해요. 생 모리츠의 유명한 리조트에서 타는 스키를 가장 좋아하지요. 르네의 가족이 휴가를 맞아 스키 여행을 가려고 빙하 특급 열차를 타러 왔어요.
자, 이제 출발합니다!

칼레도니아 침대 열차와 자코바이트

영국의 유명한 침대 열차와 영화 속 증기 기관차

칼레도니아 침대 열차는 영국의 수도 런던에서 포트윌리엄까지 가요. 그 여정은 정말 흥미진진한 모험이지요. 자코바이트는 증기 기관으로 달리는 여객 열차예요. 스코틀랜드의 포트윌리엄과 말레이그 사이를 오가요. 자코바이트가 달리는 말레이그 연장 철도는 세계에서 가장 아름다운 철도 노선 중 하나예요.

> **예약해야 탑승할 수 있음**
>
> 나라: 영국
> 구간 거리: 런던 유스턴에서 포트윌리엄까지 약 668킬로미터, 말레이그 연장 철도 68킬로미터
> 주요 기차역: 런던, 에든버러, 포트윌리엄
> 건설: 말레이그 연장 철도 1897-1901년
> 유명한 점: 칼레도니아 침대 열차는 영국의 마지막 침대 열차 중 하나이다. 자코바이트는 세계에서 가장 아름다운 철도 노선을 지나가는 것으로 유명하다.

밤 9시가 되기 전, 앤디와 스테프는 런던 중심지인 유스턴역에 도착해서 칼레도니아 침대 열차를 탔어요.
승무원이 두 사람을 깔끔한 침대가 있는 객실로 안내했어요.
앤디와 스테프는 자기 전에 뭘 좀 먹으려고 식당 칸으로 갔어요.

앤디는 하기스를 먹고 스테프는 스코틀랜드 치즈를 먹기로 했어요. 하기스는 스코틀랜드의 유명한 전통 요리예요.
양의 위에 여러 재료를 넣고 삶아요. 재료로 양의 심장과 간과 허파를 잘게 다진 것, 양파, 오트밀, 양의 콩팥을 둘러싼
하얀 고체 지방인 수이트, 향신료가 들어가요. "대체 그런 걸 어떻게 먹어?" 스테프가 말했어요.
하지만 앤디는 하기스가 꽤 맛있었어요. 새로운 모험을 하는 기분도 들었어요.

이제 잘 시간이에요. 천천히 흔들리는 열차 안에서
앤디와 스테프는 편안하게 잠들었어요.

이튿날 아침에 일어나 보니 스코틀랜드의 황무지 위로 해가 뜨고 있었어요.
앤디와 스테프는 뜨거운 차를 마시며 밖을 내다보았어요. 안개 속에서 뇌조*가
떼 지어 날아가고, 커다란 뿔을 가진 수사슴들이 늠름하게 서 있는 모습이
희미하게 보였어요. 정말 아름다웠지만, 포트윌리엄에서 자코바이트로 갈아탄 후
본 풍경에 비하면 아무것도 아니었답니다.

스코틀랜드의 중심 도시 에든버러에 도착하자마자,
칼레도니아 침대 열차에서 기관차가 분리되더니 다른
기관차가 연결되었어요. 이제부터는 새 기관차가
앤디와 스테프를 이곳저곳으로 데려다줄 거예요.

자코바이트는 2시간밖에 되지 않는 짧은 여정 동안 에일 호수와
글렌피넌 고가교를 지나고 아리삭의 평원과 산악 지대를 가로질러요.
엔진에서 하얀 연기를 칙칙폭폭 뿜어내면서 말이에요.

글렌피넌 고가교는 1901년에 공사를 마쳤어요.
콘크리트로 지은 이 다리는 기둥과 기둥 사이가
15미터나 떨어진 아치형 기둥이 21개나 있어요.

자코바이트가 달리는 모습이 영화의 한 장면 같나요? 자코바이트는 실제로
영화 「해리포터」 시리즈에서 호그와트 급행열차로 나왔어요!
글렌피넌 고가교도 네 번이나 등장한답니다.

스노든 산악 철도
영국 웨일스의 톱니 궤도 철도*

영국 잉글랜드와 웨일스 지역에서 가장 높은 스노든산은 구름에 닿을 것처럼 높이 솟아 있어요. 산꼭대기로 가는 길이 너무 멀어서 100여 년 전에 철도가 놓였어요. 덕분에 관광객들은 스노든산 꼭대기까지 좀 더 쉽게 올라가서 아름다운 풍경을 보게 되었지요.

기차가 가파른 산 위로 올라가려면 세심한 기술이 필요해요. 스노든 산악 철도는 톱니 궤도*를 놓아서 기차가 철길 위를 안전하게 달려요. 톱니 궤도에는 기차 밑의 톱니바퀴와 맞물리는 금속 톱니가 있어서 기차가 산 밑으로 미끄러져 내려가지 않게 해 줘요.

나라: 영국
구간 거리: 7.6킬로미터
주요 기차역: 란베리스, 클로그윈, 서미트
건설: 1894-1896년
유명한 점: 엔진이 있는 기관차가 열차 뒤에 연결되어 있다.

이런 철도를 '톱니 궤도 철도'라고 해요. 지금 애덤은 기차의 톱니바퀴가 금속 톱니와 어떻게 맞물리는지 알려 주는 안내판을 보고 있어요. 지퍼가 맞물리는 방식과 조금 비슷하죠?

스노든산의 높이는 1,085미터예요.
영국에서 관광객들이 가장 많이 찾는
산 가운데 하나랍니다.

일반적인 철길에서는 기관차가 맨 앞에서 열차를 끌고 가요. 그런데 스노든산을 달리는 기차는 달라요. 기관차가 맨 뒤에서 열차를 산 위로 밀어 올려요. 애덤도 그게 맞다고 생각했어요. 가파른 곳에서는 앞에서 끄는 것보다 뒤에서 미는 게 훨씬 효과적일 테니까요.

요즘은 경유나 중유가 많이 쓰이지만, 스노든산을 달리는 기차는 지금도 오래된 증기 기관을 사용해요. 애덤은 기차를 타고 기관차가 열차를 산꼭대기로 밀어 올리는 모습을 봤어요. 기차는 하얀 연기를 내뿜고 칙칙폭폭 소리를 내면서 달렸어요.

스노든 산악 철도의 기차는 역을 떠나 산기슭을 지나면서 돌다리를 건너고 아름다운 폭포 위를 달려요.

애덤은 기차 안에서 들판의 양 떼와 험준한 바위 위에 솜씨 좋게 서 있는 야생 염소들을 보았어요. 오랫동안 사람이 살지 않은 석조 농가도 보았어요.

산 위로 더 높이 올라가자, 스노도니아 국립공원에 있는 모엘히보그와 다른 산봉우리들이 보였어요. 모엘히보그는 웨일스어로 '매의 언덕'이라는 뜻이에요. 세상에서 가장 빠른 새인 매가 스노도니아에서 둥지를 짓고 알을 낳아서 붙은 이름이에요.

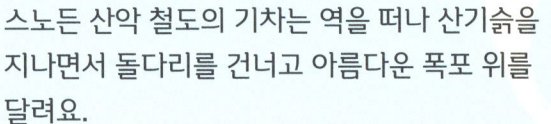

애덤은 안개가 자욱한 산을 주욱 둘러보았어요. 매는 그림자도 보이지 않았지요. 포기하려는 순간, 매 한 마리가 어마어마한 속도로 날아와서 발톱으로 작은 새를 휙 잡아챘어요.

매는 나타났을 때처럼 빠르게 안개 속으로 자취를 감춰 버렸어요. 기차는 연기를 뿜으면서 계속 산 위로 올라갔어요.

북극권 열차

눈부시게 아름다운 오로라를 찾아 떠나는 여행

북극권* 열차는 100년이 넘도록 주로 산업용 화물을 나르는 데 사용되었어요. 스웨덴 북부 키루나의 유명한 광산에서 노르웨이 나르비크의 얼지 않는 항구에 있는 화물선으로 철광석을 실어 나르지요. 돌아오는 길에는 생선과 다른 물품들을 날라요.

20세기 초, 노르웨이 해안으로 광물을 실어 나르기 위해 북극권 철도가 개통되었어요. 이 철도는 제2차 세계 대전 때 중요한 역할을 했어요. 물론 지금도 중요하게 쓰여요. 키루나에 오는 관광객들은 북극권 열차를 타고 핀란드 라플란드의 로바니에미까지 여행하거든요. 로바니에미는 산타클로스가 사는 마을로 알려진 도시예요!

북극권 열차를 타면 색다른 풍경을 볼 수 있어요. 지구가 기울어진 채로 태양 둘레를 돌기 때문에 북극권과 남극권 지역에서는 낮과 밤이 바뀌지 않고 계속 이어지기도 하거든요. 여름에는 밤에도 해가 지지 않는 날이 있어요. 겨울에는 온종일 어두운 날이 한 달 이상 계속된답니다!

셰르스틴의 엄마는 북극권 화물 열차를 모는 기관사*예요. 날마다 열차를 몰고 나르비크와 키루나 사이를 오가지요. 셰르스틴은 엄마가 들려주는 여행 이야기를 좋아했어요. 그래서 겨울 휴가 때가 되자 셰르스틴은 엄마와 함께 북극권 여객 열차를 타기로 했어요.

나라: 노르웨이, 스웨덴
구간 거리: 756킬로미터
주요 기차역: 나르비크, 키루나
개통: 1902년
유명한 점: 북쪽의 맨 끝 스칸디나비아반도의 라플란드까지 간다.

'극광'으로도 불리는 오로라는 하늘에 나타나는 여러 색깔의 빛을 말해요. 오로라는 태양에서 온 태양풍*의 일부가 지구 자기장에 이끌려 대기로 들어오면서 지구의 대기와 반응해 빛을 내는 거랍니다.

셰르스틴과 엄마는 겨울옷을 단단히 챙겨 입고 나르비크에서 열차를 탔어요.

열차 안에서 바라보는 먼 산과 얼어붙은 호수와 피오르는 정말 아름다웠어요. 피오르는 빙하가 아주 오랜 세월 동안 산비탈을 따라 내려오면서 만든 골짜기에 바닷물이 들어와 생긴 좁고 긴 만이에요.

얼음 침대에서 자는 법
- 양말을 신고 따뜻한 옷을 입고 털모자를 쓴다.
- 침대에 놓인 침낭 안으로 들어간다.
- 침낭 밑에 순록 털가죽이 깔려 있다.

스웨덴으로 건너간 셰르스틴과 엄마는 키루나에 내렸어요. 근처에 있는 유명한 얼음 호텔에서 하룻밤을 보내기로 했지요. 얼음 호텔은 침대뿐 아니라 모든 것이 얼음으로 되어 있어요! 겨울이라서 그런지 아직 밤이 되지 않았는데 하늘이 깜깜했어요. 다행히 곧 하늘에 오로라가 나타나 아름답게 넘실거렸어요.

오로라는 다음 날 셰르스틴과 엄마가 핀란드 로바니에미에 도착할 때까지 계속되었어요. 로바니에미가 있는 이 지역은 '라플란드'라고 불리기도 해요. 원주민인 사미족은 이곳을 '사프미'라고 불러요. 사미족은 순록을 기르는 것으로 유명해요.

라플란드의 집은 대부분 지붕이 길고 뾰족해요.
지붕 위에 눈이 너무 많이 쌓이면 안 되니까요.

사미족이 순록 썰매를 몰고 케미에 있는 눈의 성 쪽으로 가는 것이 보였어요. 전해지는 이야기에 따르면 산타클로스와 순록들도 로바니에미에 산다고 해요!

셰르스틴은 엄마와 노르웨이에 있는 집으로 돌아가기 전에, 산타클로스 우체국에서 소원을 여러 개 적었어요. 산타클로스 우체국은 로바니에미에서 북쪽으로 몇 킬로미터 떨어진 산타클로스 마을 안에 있어요.

나미비아의 사막 특급 열차

드넓은 사막에서 만나는 아프리카의 야생 동물

사막 특급 열차는 남아프리카 나미비아의 아름다운 사막을 며칠 동안 둘러보는 관광 열차예요. 이 노선은 정차 역이 많아서 승객들은 여행하는 내내 재미있는 체험을 하고 멋진 경치를 즐길 수 있어요.

나라: 나미비아
구간 거리: 354킬로미터
주요 기차역: 빈트후크, 스바코프문트
개통: 1998년
유명한 점: 사람이 살기에 힘들지만 아름다운 사막을 가로지른다.

기린들이 목을 휘두르면서 누구 힘이 더 센지 겨루고 있어요.

가시 있는 **나라 멜론**(이 과일을 코이코이어*로 발음하면 시계가 똑딱거리는 소리가 나요.)과 새콤달콤한 과육과 씨앗이 든 **카방고 레몬**은 이곳에서만 나는 과일이에요. 카방고 레몬은 '원숭이 오렌지'라고도 해요.

특급 열차를 타고 나미비아의 사막을 여행하는 건 정말
흥미진진해요. 여행을 하면서 많은 야생 동물을 만나거든요.
어떤 기차역에서는 지프차를 타고 사파리 여행을 할 수 있어요.
지프차 안에서 기린과 얼룩말이 들개들의 공격을 살피면서
웅덩이의 물을 먹는 모습을 볼 수 있지요.

소누는 자신에게 주는 생일 선물로 기차표를 예매했어요.
그러고는 빈트후크를 떠나서 사파리 여행을 즐겼어요.
마치 하나가 된 것처럼 함께 움직이는 영양 떼도 보았어요.
나미비아의 영양은 힘세고 우람한 야생 소 같았어요.

나마쿠아카멜레온은 몸에 있는
비늘로 물과 밤이슬을 마셔요.
뜨거운 사막에서 살기 좋은 능력이지요.

열차로 돌아온 소누는 식당에서 '마항구'라는 곡식을 빻아 만든 나미비아 전통 죽과 스프링복 스테이크를 먹었어요. 스프링복은 아프리카 영양이에요.

드넓은 열대 초원에 밤이 드리우자, 하늘은 별로 가득했어요. 멀리서 자칼 두 마리가 길게 울부짖었어요. 때로는 짧게 울면서 서로 말을 걸기도 하고, 다른 동물들에게 자신들의 영역에서 나가라고 경고하기도 했어요.

소누는 다른 승객과 체스를 했어요. 체스 세트는 정말 멋졌어요! 체스 판과 말이 모두 나미비아 사막의 알록달록한 모래로 만들어졌거든요.

다음 날 아침, 소누와 승객들은 밥과 커피를 먹고 열차에서 내렸어요. 그러고는 함께 커다란 모래 언덕을 걸어 올라갔어요. 꼭대기에 이르자 이글거리는 사막 너머로 반짝이는 대서양이 어렴풋하게 보였어요. 얼마 후 열차는 다시 나미비아의 해안 도시 스바코프문트로 출발했어요.

열차는 너무 건조하고 모래 폭풍이 자주 일어나서 사람이 살지 않는 드넓은 땅을 가로질렀어요. 이제 사막과 바다 사이에 있는 평화로운 마을로 승객들을 데려다줄 거예요.

나미비아 사막 특급 열차는 밤에 멈추었다가 아침에 다시 출발해요. 열차가 멈추면 승객들이 모닥불 근처로 모여들기도 해요.

인도의 산악 철도

다르질링과 닐기리와 심라의 아주 작은 장난감 기차

장난감처럼 생긴 작은 기차를 타고 산악 지대의 좁고 구불구불한 철길 위를 달린다면 어떨까요? 그림 같은 터널과 다리를 지나는 동안 산악 지대의 아찔한 풍경들이 창밖으로 휙휙 지나갈 거예요! 인도의 장난감 기차는 역사가 오래되었어요. 지금까지도 큰 역할을 한답니다.

19세기에 인도는 영국이 지배했어요. 그때 영국은 인도의 차와 향신료 같은 자원을 팔아서 돈을 벌었어요. 그런데 영국 사람들은 델리를 둘러싼 뜨거운 평원이나 뭄바이, 캘커타 같은 습한 항구 도시의 여름을 견디기 힘들어 했어요. 그들은 서늘하고 비가 많이 오는 날씨에 익숙했거든요.

기술자들은 대부분 스코틀랜드 사람이었어요. 그들은 산에서 더 편하게 일하기 위해 철도를 놓기로 했어요. 이미 인도의 다른 지역에 많은 철도를 놓은 후였어요. 평지에서는 화물과 민간인 승객과 군인, 우편물을 불편함 없이 실어 나를 수 있을 정도였지요. 하지만 히말라야산맥과 닐기리구릉을 오르는 높고 구불구불한 길에는 더 발전된 기술이 필요했어요.

닐기리 산악 철도의 가장 가파른 구간에는 톱니 궤도가 놓여서 여기에 맞는 특별한 기관차가 달려요.

칼카-심라 철도에는 100개 이상의 터널과 900개 이상의 다리가 있어요.

다르질링 히말라야 철도에는 휘는 구간 네 곳과 지그재그형 구간 네 곳이 있어요.

나라: 인도
구간 거리: 노선마다 다름
주요 기차역: 메투팔라얌-우다가만달람(닐기리), 칼카-심라, 뉴잘파이구리-다르질링
건설: 1879-1908년
유명한 점: 기차의 크기가 작고 색깔이 화려하다.

영국은 궤간*이 아주 좁은 산악 철도 세 개를 놓았어요. 궤간은 겨우 60센티미터였어요. 일반적인 궤간의 3분의 1 정도 되는 거예요! 여기에 맞는 기차의 너비는 겨우 2.1미터로, 자동차 너비와 비슷해요. 그래서 이 철도 위를 달리는 기차는 장난감 기차라고 불리게 되었어요.

어떤 구간은 철길이 터널과 고가교 사이를 지나가면서 나선형으로 휘어져요. 기차가 가파른 산지를 빙 둘러가도록 철길을 고리 모양으로 놓은 거예요. 이런 구간에는 '고통의 구간'이나 '아찔한 모퉁이' 같은 이름이 붙었답니다.

'고통의 구간'은 다르질링 히말라야 철도에서 가장 빠르게 방향을 바꾸는 구간이라서 이런 이름이 붙었어요.

오늘날 이 세 철도는 유네스코 세계 유산*으로 지정되었어요. 우편물을 나르는 데에도 쓰이지만 대부분 승객을 위해 쓰인답니다.

인도의 산악 철도는 닐기리와 다르질링의 차밭 그리고 히마찰프라데시주의 북적거리는 중심지인 심라의 아기자기한 언덕 마을에서 끝나요.

다르질링 차는 은은한 맛과 꽃향기로 유명해요. 산비탈에 있는 차밭에서 손으로 찻잎을 따지요.

인도의 산악 철도 여행에서 맛있는 음식을 빼놓을 수 없어요. 비라쥐는 여름 방학에 아빠를 도와서 칼카-심라 철도를 이용하는 여행객들에게 차이와 음식을 팔아요.

비라쥐의 부모님은 아침 일찍 일어나 사모사와 차이를 만들어요.

인도의 산악 철도를 다니는 기차는 차이를 만드는 찻잎을 산 아래로 실어 나르기도 해요.

차이는 우유를 부어 만든 달콤한 홍차예요.

사모사는 채소를 넣고 바삭하게 튀긴 인도식 만두예요.

기차가 도착하면, 비라쥐와 아빠가 일할 시간은 단 몇 분밖에 없어요. 쟁반에 찻잔을 놓고 기차 옆을 달리며 찻잔이 쓰러지지 않도록 솜씨 좋게 날라야 해요.

주변에서 "차이 사세요!" "사모사 사세요!" 하고 소리치는 다른 상인과 경쟁도 해야 해요. 승객들은 이렇게 뛰어다니는 상인에게 돈을 주고 음식과 차를 받아요. 이렇게 몇 분이 흐르면, 기차는 곧바로 다음 역을 향해 출발한답니다.

시베리아 횡단 철도
유럽과 아시아를 잇는 세계에서 가장 긴 철도

МоскВа
- 나라: 러시아
- 구간 거리: 9,288킬로미터
- 주요 기차역: 모스크바, 블라디보스토크
- 건설: 1891-1916년
- 유명한 점: 세계에서 가장 긴 철도 노선이다.

모스크바 · 야로슬라블 · 키로프 · 페름 · 예카테린부르크 · 튜멘 · 옴스크 · 노보시비르스크 · 크라스노야르스크

시베리아 횡단 철도는 이름처럼 시베리아 전 지역을 가로질러요. 시베리아는 아주 넓고 사람이 거의 살지 않는 곳으로 유명했어요. 러시아 역사에서 시베리아는 오랫동안 여행하기 힘든 곳이었지요. 그런데 19세기 말에 러시아의 통치자 니콜라이 2세가 나라 안에서 사람과 물건이 자유롭게 오가도록 철도를 놓으라고 명령했어요. 이웃도 없는 넓고 추운 곳에서 살아가는 일이 어떨지 상상이 되나요? 철도가 놓이고 러시아와 세계의 다른 나라가 연결되면서 시베리아 사람들의 삶은 틀림없이 아주 많이 바뀌었을 거예요.

시베리아 횡단 철도는 세계에서 가장 긴 철도로 유명해요. 자그마치 미국을 가로로 두 번 가로지를 수 있는 거리예요! 시베리아 횡단 열차는 이 긴 구간으로 여행객을 실어 나르는 건 물론이고, 러시아 동쪽 지역과 유럽을 오가며 물건을 나르는 중요한 화물 열차예요.

시베리아 횡단 철도는 러시아와 이웃 나라 사람들의 삶과 경제에 중요한 역할을 해요. 이 철도 노선을 따라 실려 온 화물 컨테이너가 러시아의 수도 모스크바에 도착하면, 일부는 모스크바의 물류 창고로 가고 나머지는 트럭이나 배 또는 기차에 실려 다른 곳으로 가요.

아래 지도를 보면 시베리아 횡단 열차가 어떻게 러시아를 누비고 다니는지 알 수 있어요. 시베리아 횡단 철도는 중국, 몽골, 북한 같은 나라로도 이어져요.

시베리아 횡단 철도는 시차*를 여덟 번이나 느낄 만큼 긴 노선이에요. 철도의 한쪽 끝인 모스크바에서 사람들이 점심을 먹을 때 반대쪽 끝인 블라디보스토크의 아이들은 꿈나라에 가 있으니까요.

라피는 러시아의 문화와 역사를 배우기 위해 친구들과 러시아에 왔어요. 라피와 친구들은 시베리아 횡단 철도 구역으로 안내를 받았어요. 철도의 노선이 얼마나 긴지, 라피는 보면서도 믿을 수 없었어요.

식당 칸에서 식사를 할 때 승객들은 보르쉬를 즐겨 먹어요. 보르쉬는 러시아의 전통 수프예요. 순무 뿌리를 주재료로 쓰기 때문에 빨간색을 띠어요. 주로 생크림을 발효시킨 사워크림과 함께 나오는데 여름에는 차갑게 먹는 걸 더 좋아하는 사람들도 있어요.

시베리아 횡단 철도는 정말 많은 곳을 가로질러요. 시베리아 횡단 열차를 타고 여행하면, 얼마나 다양한 언어와 억양으로 말하는 사람들을 만나게 될까요?

신칸센과 탄환 열차

세계 최초 고속 철도

최초의 신칸센은 1964년 일본이 하계 올림픽을 개최하는 시기에 맞게 개통되었어요. 세계 최초의 고속 철도로, 도쿄와 오사카 사이를 오가도록 놓였지요. 신칸센을 달리는 열차는 믿을 수 없을 만큼 빠른 속도와 공기의 저항을 줄인 매끈한 디자인 덕분에 탄환 열차라는 별명이 붙었어요.

나라: 일본
구간 거리: 노선마다 다름
주요 기차역: 일본의 수많은 도시
건설: 1964년
유명한 점: 세계 최초의 고속 철도이다.

신칸센을 달리는 열차는 속도를 높이기 위해 앞부분을 길고 날렵하게 만들었어요. 덕분에 열차가 공기를 더욱 빠르게 가르며 달린답니다.

신칸센이 다른 철도보다 빠른 이유는 무엇일까요?
먼저 신칸센 노선은 일반 열차와 만나지 않게 고속 열차 전용으로
만들어졌어요. 도로와 만나는 곳도 없어서 열차가 자주 멈추지 않아도
돼요. 또 신칸센 노선은 장애물을 피해 돌아가는 대신 터널을 통과해요.
다른 열차처럼 자주 속도를 늦추거나 돌아서 가지 않아도 되지요.
잘 만든 신호 체계는 열차가 늦게 도착하는 걸 막아 줘요.
게다가 열차 바퀴 축으로 동력이 골고루 나누어지도록 설계되어서
열차가 더 빠른 속도를 낸답니다.

오늘 키미코와 반 친구들은 도쿄에서 신칸센의 열차를 타고
오사카의 유명한 성을 보러 가기로 했어요. 신칸센을 이용하면
도쿄에서 오사카까지 3시간이면 갈 수 있어요. 다른 열차를
타면 6시간이 넘게 걸려서 초등학생인 키미코와 친구들이
오사카 성을 둘러볼 시간이 별로 없을 거예요!

오사카 성은 호화로운 모습과 일본 역사에서
차지하는 중요성 때문에 관광지로 인기가 많아요.
1583년에 지어진 오사카 성은 일본의 통치자와
그를 반대하는 세력 사이에 유명한 전투가
벌어진 곳이기도 해요.

신칸센을 달리는 열차는 정말 빨라요. 터널을 통과할 때면 빠아아앙! 소리가 난답니다. 열차가 공기를 빨리 밀어내면서 지나가면 이런 소리가 나요.

신칸센에서 열차는 시속 320킬로미터까지 속도를 낼 수 있어요. 매가 가장 빠르게 날 때와 비슷한 속도예요!

일본은 가끔씩 지진이 일어나는 나라예요. 하지만 키미코는 걱정하지 않았어요. 신칸센에는 지진 탐지 시스템이 있어서 비상 상황이 되면 열차를 스스로 멈추거든요. 시스템이 작동하는 방식은 다음과 같아요.

일본에는 나라 전체에 지진계가 설치되어 있어요. 땅속에서 진동을 탐지하는 장치예요.

지진 탐지 시스템에 지진의 첫 번째 움직임이 감지되면, 단 몇 초 안에 안전 브레이크를 자동으로 작동해 열차를 멈춰요.

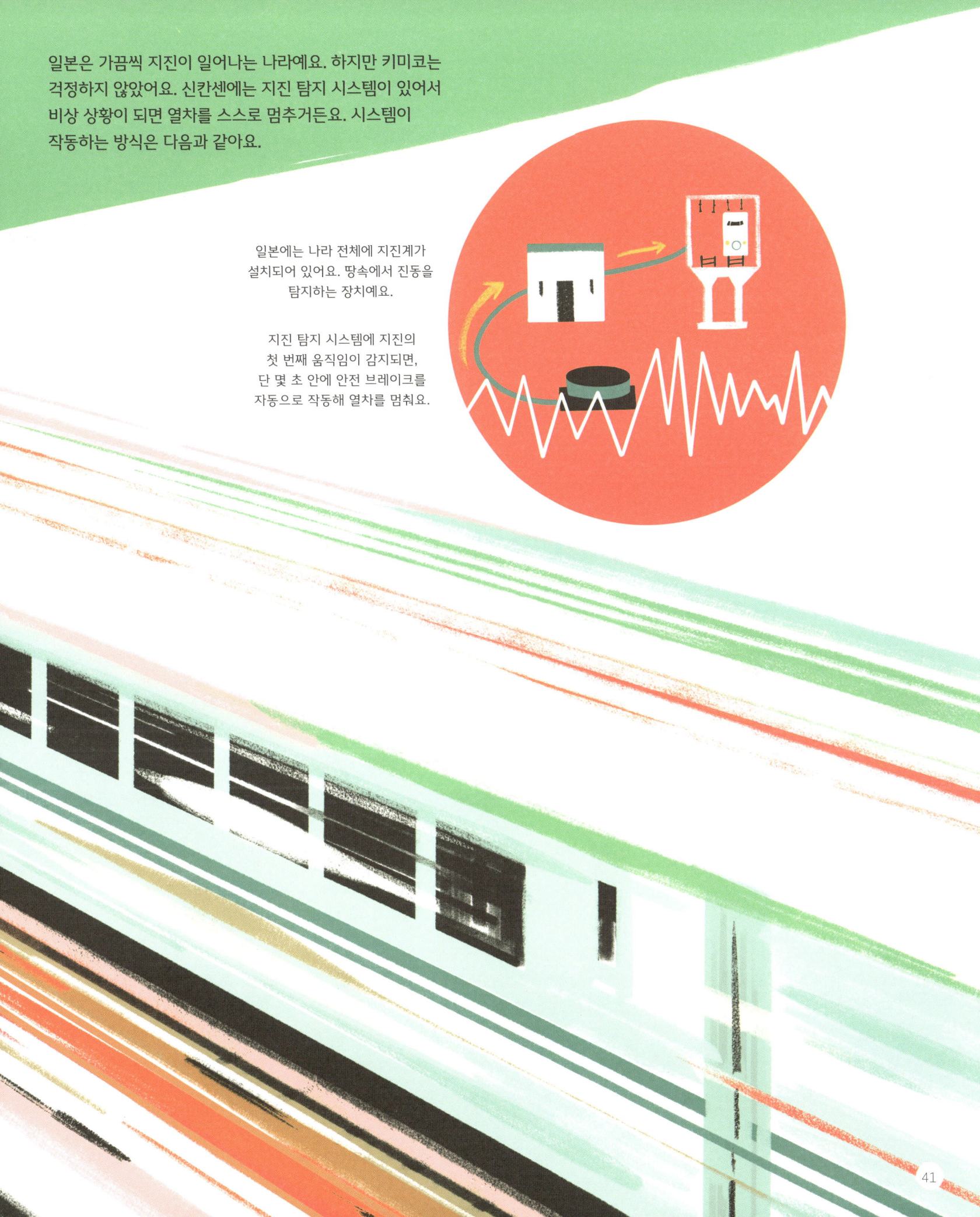

키미코는 열차에서 파는 도시락을 사서 밥을 먹으면서 후지산의 눈 덮인 봉우리를 보았어요.

도시락으로 인기 있는 음식은 밥, 어묵, 초밥, 절인 과일과 채소예요. 찐빵처럼 달콤한 디저트까지 담긴 도시락도 있어요.

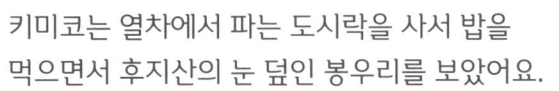

후지산은 높이가 3,776미터예요. 일본을 대표하는 산으로 과거와 현대의 많은 미술품에 그려졌어요.

일본의 전통적인 도시락 요리를 '벤또'라고 해요. 작아서 들고 다니기 좋고 여러 곳에서 쉽게 살 수 있어요. 특히 기차역이나 기차 안에서 파는 벤또를 '에키벤'이라고 하는데, 대부분 그 지역의 유명한 음식이 담겨요. 어떤 도시락은 멋지게 꾸며져서 사람들이 기념품으로 모으기도 해요. 심지어 기차역이나 기차 모양 도시락도 있어요.

오늘날 신칸센은 일본의 큰 도시들을 모두 하나의 철도망으로 연결해요. 덕분에 수많은 어린이가 매처럼 빠르게 여행을 다닐 수 있답니다!

간
오스트레일리아의 오지를 가로지른 최초의 기차

오스트레일리아는 정말 정말 큰 나라예요. 얼마나 큰지, 한 나라 안에서도 기후가 매우 다양해요. 마치 하루 동안 여러 계절을 지나는 느낌이에요. 간은 이 넓은 오스트레일리아에서 남부 도시 애들레이드부터 북부 도시 다윈까지 총 2,979킬로미터를 달리며 승객들을 실어 나르는 기차예요.

오스트레일리아 한가운데에는 사람이 거의 없는 평원과 초원, 사막이 아주 넓게 펼쳐져 있어요. 이런 지역을 '오지'라고 해요. 지금으로부터 약 100년 전, 애들레이드시와 다윈시는 이제 막 생겨나 발달하고 있었어요. 두 도시 사이는 꽤 멀었어요. 게다가 지도에 나오지 않은 위험한 지역도 있어서 여행하기가 무척 어려웠어요. 두 도시 사이를 가로지르는 건 아주 용감한 탐험가들이나 할 만한 일이었지요.

미리는 간을 타고 오스트레일리아를 여행하고 있어요. 기차역 표지판에 적힌 글을 보니, 만약 미리가 150년 전에 여행했다면 오지를 지나갈 때 메마른 사막 기후에 익숙한 낙타를 타야 했을 거래요. 낙타 위에 짐을 싣고 떼 지어 다니는 카라반*처럼요!

나라: 오스트레일리아
구간 거리: 2,979킬로미터
주요 기차역: 애들레이드, 앨리스스프링스, 다윈
건설: 1878-1929년
유명한 점: 내륙의 오지를 가로지르며 남부 도시와 북부 도시를 연결한다.

오스트레일리아 사람들은 메마른 오지를 가로지르기 위해 낙타를 모는 아프가니스탄 사람들을 고용했어요. 시간이 지나고 기차가 다니게 되자 사람들은 아프가니스탄 사람들을 기리며 기차 이름을 아프간 특급 열차라고 불렀어요. 별명을 좋아하는 사람들이 그 후에 이름을 더 줄여서 '간'이 되었지요.

카라반은 낙타를 몰고 오랫동안 사막을 가로지르느라 얼마나 힘들었을까요? 미리는 상상해 봤어요.
가는 길에 무엇이 나타날지 몰라서 더 힘들었을 거예요.
미리는 생각만 해도 목이 바짝 말랐어요!

오늘날 간은 관광 열차로 인기가 많아요. 미리는 54시간의 긴긴 여정 동안 오지에서 자유롭게 돌아다니는 캥거루, 에뮤, 왈라비 같은 토종 동물과 낙타의 후손들을 보았어요.

미리는 중간 정착 역인 앨리스스프링스에서 며칠 밤을 보냈어요. 앨리스스프링스는 철도가 놓이면서 성장하고 살아남은 도시예요.

미리는 뜨겁고 메마른 사막에서 몸을 보호하기 위해 자외선 차단제를 바르고 모자를 쓰고 곤충 퇴치제를 뿌렸어요.

레드 센터는 오스트레일리아의 중심에 있는 사막 지역이에요. 흙 속에 철 성분이 많아서 땅과 모래 언덕이 아름다운 붉은색을 띤답니다.

펄쩍펄쩍 뛰어다니는 캥거루와 캥거루의 작은 사촌인 왈라비는 이곳에서만 사는 대형 포유류예요. 오스트레일리아를 대표하는 동물들이지요.

에뮤는 타조 다음으로 세계에서
두 번째로 키가 큰 새예요.
날지 못하지만 시속
56킬로미터로 달려요.

레드 센터에는 신성한 바위산으로
유명한 울루루가 있어요.

오스트레일리아 원주민은 유럽 사람들이
들어오기 전부터 이 땅에 살았어요.
아렌테족과 아낭구족 같은 원주민이
5만 년 전부터 살고 있지요.
철도가 놓이기 한참 전이에요!

오스트레일리아는 지구의 남반구*에 있어요. 별이 쏟아지는 완벽한 밤하늘을 볼 수 있답니다. 미리는 레드 센터와 가까운 앨리스스프링스의 한적한 시내에서 이틀 밤 동안 별 구경을 하고 다시 간을 탔어요.

다윈시가 가까워질수록 초록빛이 짙어졌어요. 숲과 과수원과 엘리자베스강의 둑에 뒤엉켜 자라는 맹그로브 나무들이 나타났어요. 미리는 다윈시의 푸른 열대 환경을 보고 깜짝 놀랐어요. 지금까지 본 타오르는 사막과 완전히 다른 세계였어요!

로키 마운티니어

캐나다의 바위투성이 황무지를 가로지르는 기차

야생 동물을 사랑한다면, 캐나다 서부의 로키 마운티니어를 타고 여행하는 표를 예약해야 해요. 창문 밖으로 회색곰과 흑곰, 흰바위산양, 말코손바닥사슴, 독수리 같은 동물이 툭 하면 나타날 거예요. 승객들이 동물을 더 잘 볼 수 있도록 기차가 한 번씩 속도를 늦추기도 한답니다.

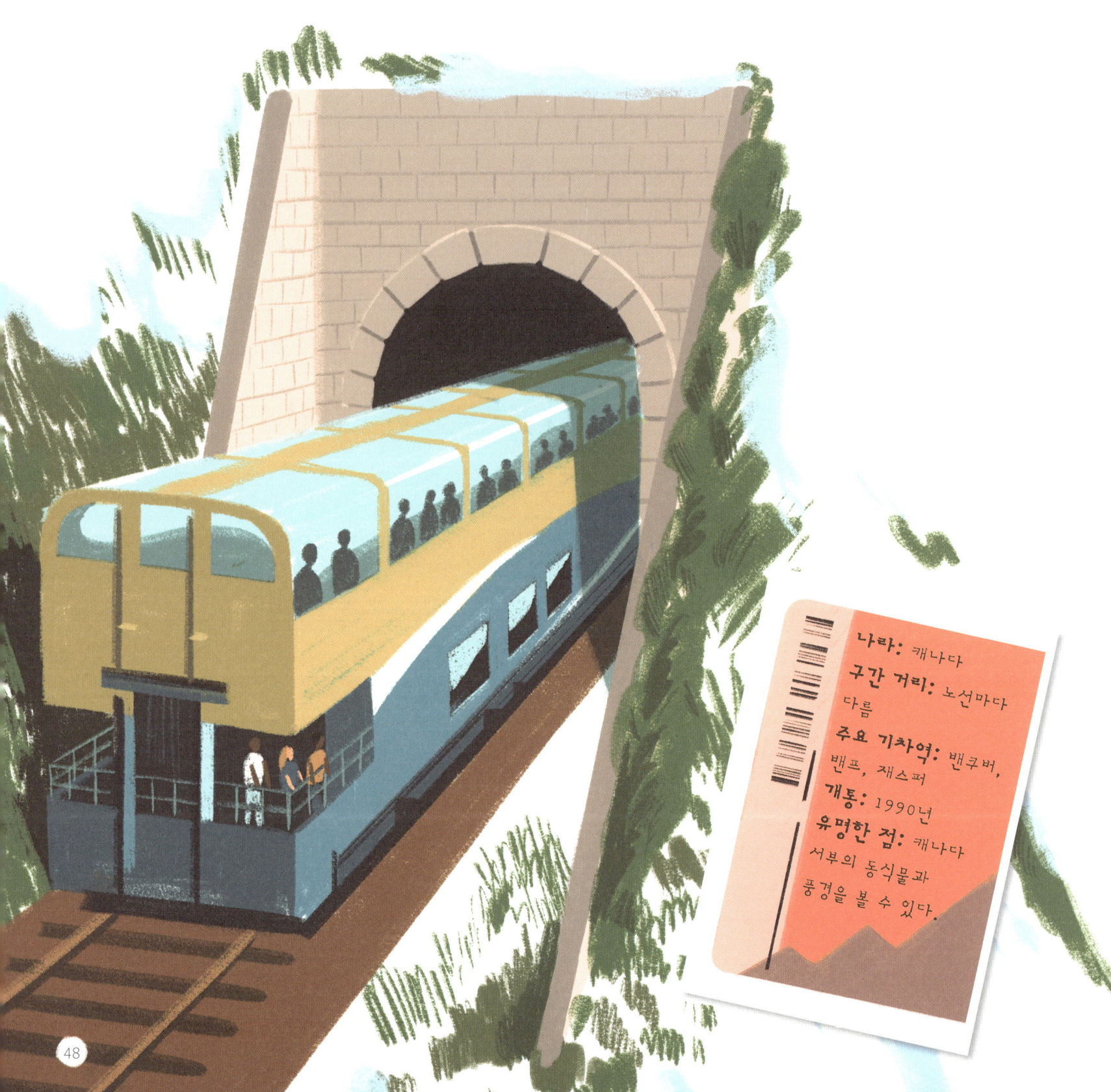

나라: 캐나다
구간 거리: 노선마다 다름
주요 기차역: 밴쿠버, 밴프, 재스퍼
개통: 1990년
유명한 점: 캐나다 서부의 동식물과 풍경을 볼 수 있다.

로키 마운티니어는 지붕이 유리로 되어 있어요. 객실 사이의 공간으로 나가 바깥 경치를 볼 수도 있고요. 승무원이 기차의 창문 밖으로 무엇을 볼 수 있는지 알려 줘요. 프레이저강의 연어처럼 지역 특산물로 만든 고급 요리를 갖다 주기도 해요. 하지만 이 기차 여행에서 가장 특별한 점은 캐나다의 바위투성이 황무지를 볼 수 있다는 거예요.

가장 기억에 남을 장소와 풍경을 꼽자면, 천 년 된 삼나무와 90미터가 넘는 가문비나무가 자라는 그레이트 열대 우림과 철길 바로 밑에서 물이 떨어져 내리는 피라미드 크리크 폭포예요. 대규모 밤하늘 보호 구역*으로 지정된 재스퍼는 밤에 별을 보기 좋은 완벽한 장소예요. 1858년 골드러시*가 시작되었을 때 수만 명이 벼락부자를 꿈꾸며 몰려들었던 프레이저 캐니언도 있답니다.

늘 푸른 전나무, 소나무, 솔송나무에서 떨어진 바늘 모양의 잎과 솔방울이 숲 바닥을 양탄자처럼 덮고 있어요.

윌라와 우나는 동물을 좋아해요. 로키 마운티니어를 타서 매우 신났답니다. 두 자매는 낮 동안 소형 포유류를 보았어요. 댐을 짓는 비버와 맛있는 잎을 뜯어 먹는 귀가 긴 토끼, 나무 사이를 살금살금 돌아다니는 붉은 여우와 너구리를 보았지요.

머리 위로는 철새인 캐나다기러기들이 겨울을 나기 위해 따뜻한 남쪽으로 날아가는 모습이 보였어요. 캐나다기러기는 커다란 날개 앞으로 검은 머리와 목을 쭉 뻗고 날았어요.

캐나다기러기

말코손바닥사슴

흰머리독수리

회색곰

흑곰

윌라는 쌍안경으로 유리로 된 둥근 지붕을 올려다봤어요. 날아가는 흰머리독수리가 보였어요. 우나는 숲 사이의 빈터에 있는 동물을 발견하고 사진을 찍었어요. 바로 커다란 뿔을 가진 말코손바닥사슴이었어요. 로키 마운티니어를 타면 다양한 종류의 곰도 볼 수 있어요!

알래스카 철도

미국의 마지막 임시 정차 열차

알래스카는 미국에서 가장 큰 주예요. 텍사스주보다 두 배나 커요. 미국 본토에서 서북쪽으로 가장 멀리 떨어져 있고, 캐나다와 국경을 마주해요. 알래스카 철도를 따라 여행하면 아름다운 황무지를 둘러볼 수 있어요. 허리케인턴을 타면 미국의 마지막 임시 정차 서비스도 경험할 수 있어요. 기차역이 아닌 곳에서 기차를 세울 수 있다는 뜻이에요!

나라: 미국
구간 거리: 756킬로미터
주요 기차역: 페어뱅크스, 디날리, 앵커리지, 수어드
건설: 1914-1923년
유명한 점: 임시 정차 서비스를 운영한다.

말코손바닥사슴은 사슴과에서 몸집이 가장 큰 동물이에요. 다 자란 수컷 뿔의 너비가 1.5미터에 이른답니다.

알래스카 철도를 달리는 건 주로 화물 열차지만, 이 노선에서 가장 유명한 건 여객 열차인 허리케인턴이에요. 허리케인턴은 인구가 더 많은 알래스카 남부에서 인구가 적고 땅이 험한 알래스카 북부로 달려요. 파란색과 노란색으로 된 이 열차가 도시를 떠나는 동안 승객들은 유리로 된 둥근 지붕으로 주변을 둘러볼 수 있어요.

허리케인턴은 도시가 없는 지역을 지나가요. 어떤 곳은 도로가 하나도 없어요. 심지어 기차역조차 없어요! 그럼 이 기차는 어디에 멈추는 걸까요? 허리케인턴은 승객이 원하는 곳이면 어디서든 타고 내리는 임시 정차 서비스를 운영한답니다. 기차를 타고 싶으면 철길 근처에서 기차를 보고 손을 흔들면 돼요. 택시를 부를 때처럼 말이에요!

이번 여름, 아레타는 부모님과 함께 알래스카에 왔어요.
알래스카에 눈이 녹고 들꽃이 막 피어날 무렵이었어요.
창밖으로 알래스카에서 가장 높은 디날리산이 보였어요.
디날리산 꼭대기는 높이가 해발 6,190미터나 된답니다.

디날리산은 미국 대통령의 이름을 따서 붙인 '맥킨리산'으로도 불렸어요. 그런데 몇십 년 동안 선주민*들의 청원*이 이어지면서 처음 부르던 '디날리산'이 공식 이름이 되었어요.

겨울에 기차에서 내린 승객들은 설상차 또는 개 썰매로 갈아타고 여행을 계속 해야 해요.

허리케인턴을 타면 아주 가끔 커모드곰을 볼 수 있어요. 미국 흑곰의 한 종류인데, 가끔씩 하얀 털을 가지고 태어나기도 해요!

아레타의 부모님은 아레타를 데리고 며칠 동안 숲속 오두막에서 캠핑을 할 계획이에요. 돌아갈 때가 되면 아레타의 가족은 철길로 돌아가서, 남쪽으로 내려가는 허리케인턴을 기다릴 거예요.

기관사가 수건을 흔드는 아레타를 보고
아레타의 가족을 태워 줬어요.

"그렇지는 않아요.
티셔츠를 흔드는
사람이 훨씬 많거든요!"

"사람들이 기차를 보고
수건을 흔드는 게 좀
이상해 보이지 않나요?"

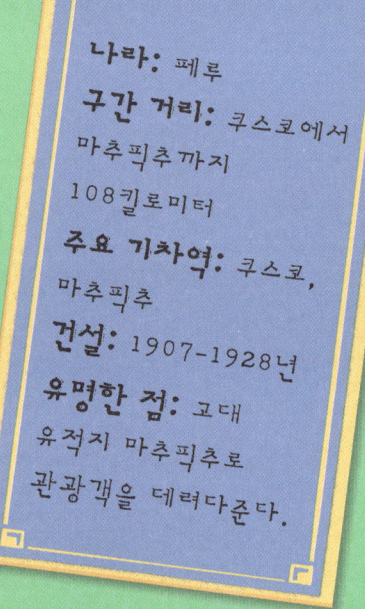

나라: 페루
구간 거리: 쿠스코에서 마추픽추까지 108킬로미터
주요 기차역: 쿠스코, 마추픽추
건설: 1907-1928년
유명한 점: 고대 유적지 마추픽추로 관광객을 데려다준다.

페루 철도

페루의 아름다운 안데스산맥을 가로지르는 열차

페루에서 가장 유명한 곳은 마추픽추 유적지예요. 마추픽추는 안데스산맥 높은 곳에 세워진 옛 도시로, 약 500년 전에 잉카인들이 살던 곳이에요. 마추픽추는 걸어서 올라가거나 버스를 타고 갈 수도 있지만 열차를 타고 가는 사람들이 가장 많아요.

페루에는 안데스산맥의 놀랍고 빼어난 풍경을 가로지르는 철도가 많아요. 페루의 페로비아스 중앙 철도는 중국의 칭하이 티베트 철도 다음으로 세계에서 두 번째로 높은 곳을 가로질러요.

페루 철도의 열차는 대부분 화물, 특히 이 지역의 여러 광산에서 나는 광물을 날라요. 하지만 가끔씩 여객 열차도 다녀요. 페루의 아름다운 자연을 감상하려면 꼭 여객 열차를 타 봐야 해요. 쿠스코에서 마추픽추까지 가는 열차는 매일 여러 차례 출발한답니다.

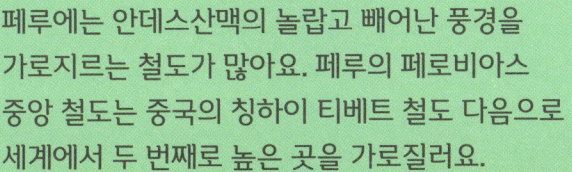

아이센은 잉카 제국의 수도였던 쿠스코에 살아요. 지금 아이센은 유럽에서 온 친구들을 마추픽추로 데려가서 안내해 주려고 해요. 열차를 타야 하는데, 어떤 열차를 타면 좋을까요?

파란색과 금색으로 된 하이럼 빙엄 열차는 멋진 만큼 푯값이 비쌌어요. 아이센과 친구들은 어쩔 수 없이 다른 열차를 탔어요. 열차는 '지그재그'로 불리는 좁은 궤도의 철도를 따라 앞뒤로 움직이며 올라갔어요. 고대 유적지인 마추픽추로 가는 동안 놀라운 풍경이 눈앞에 펼쳐졌어요.

보통 관광 열차에는 편안한 좌석과 평범한 창문이 있어요. 하지만 아이센과 친구들은 지붕이 유리로 된 열차를 탔어요. 덕분에 산을 올라가면서 주변 풍경을 모두 둘러보았답니다.

마추픽추로 가는 철도는 지그재그형으로 산을 오르도록 되어 있어요. 이런 방법을 '스위치백'이라고 하는데, 기차가 앞으로 갔다가 뒤로 가기를 반복하면서 산을 오르는 거예요. 이렇게 하면 기차가 돌아가지 않고 한쪽 면으로만 산을 오르기 때문에 터널과 다리를 많이 짓지 않아도 돼요.

마추픽추를 보려고 쿠스코로 오는 관광객들이 많아서 열차 한 칸은 페루 사람들만 탈 수 있도록 남겨 둬요. 지역 주민들이 출퇴근하는 데 불편하지 않도록 말이에요.

"다음에 오면 꼭 하이럼 빙엄을 타 보자!"
아이센의 친구들이 말했어요.

하이럼 빙엄은 20세기 초에 마추픽추 유적지를 발견한 미국인 탐험가 하이럼 빙엄의 이름을 따서 붙인 근사한 열차예요. 이 열차에는 산의 공기를 마음껏 느낄 수 있는 개방형 객실이 있어요. 페루 민속 음악을 들려주는 악단도 함께 타고 가요!

마추픽추는 15세기에 잉카인들이 안데스산맥의 고산 지대에 세운 도시예요. 잉카인은 잉카 문명을 일군 남아메리카의 선주민이에요. 여러 도시를 세우고 아주 넓은 지역을 다스렸답니다.

뉴욕 앤 애틀랜틱 철도
뉴욕시의 화물 운송 철도

뉴욕시는 넓고 복잡한 지하철 체계로 유명해요. 뉴욕 시민 대부분이 들어본 적 없는 기차 노선도 하나 있어요. 바로 뉴욕 앤 애틀랜틱 철도랍니다. 이 철도의 기차는 뉴욕시를 돌며 사람 대신에 중요한 물건을 실어 날라요.

이른 아침, 물건을 가득 실은 커다란 컨테이너들이 저지시티의 항구에 있는 바지선에 실려요. 바지선은 화물을 실어 나르는 밑바닥이 편평한 배예요.

컨테이너가 안전하게 배에 실리면, 배는 자유의 여신상과 다른 배들을 지나 뉴욕만을 가로질러요. 그리고 롱아일랜드섬의 서쪽 끝, 브루클린 부둣가에 있는 뉴욕 앤 애틀랜틱 철도 종착역에 도착해요.

나라: 미국
구간 거리: 435킬로미터
주요 기차역: 브루클린, 롱아일랜드섬
개통: 1997년
유명한 점: 대도시 사람들이 더 안전하고 즐겁게 지낼 수 있도록 화물을 실어 나른다.

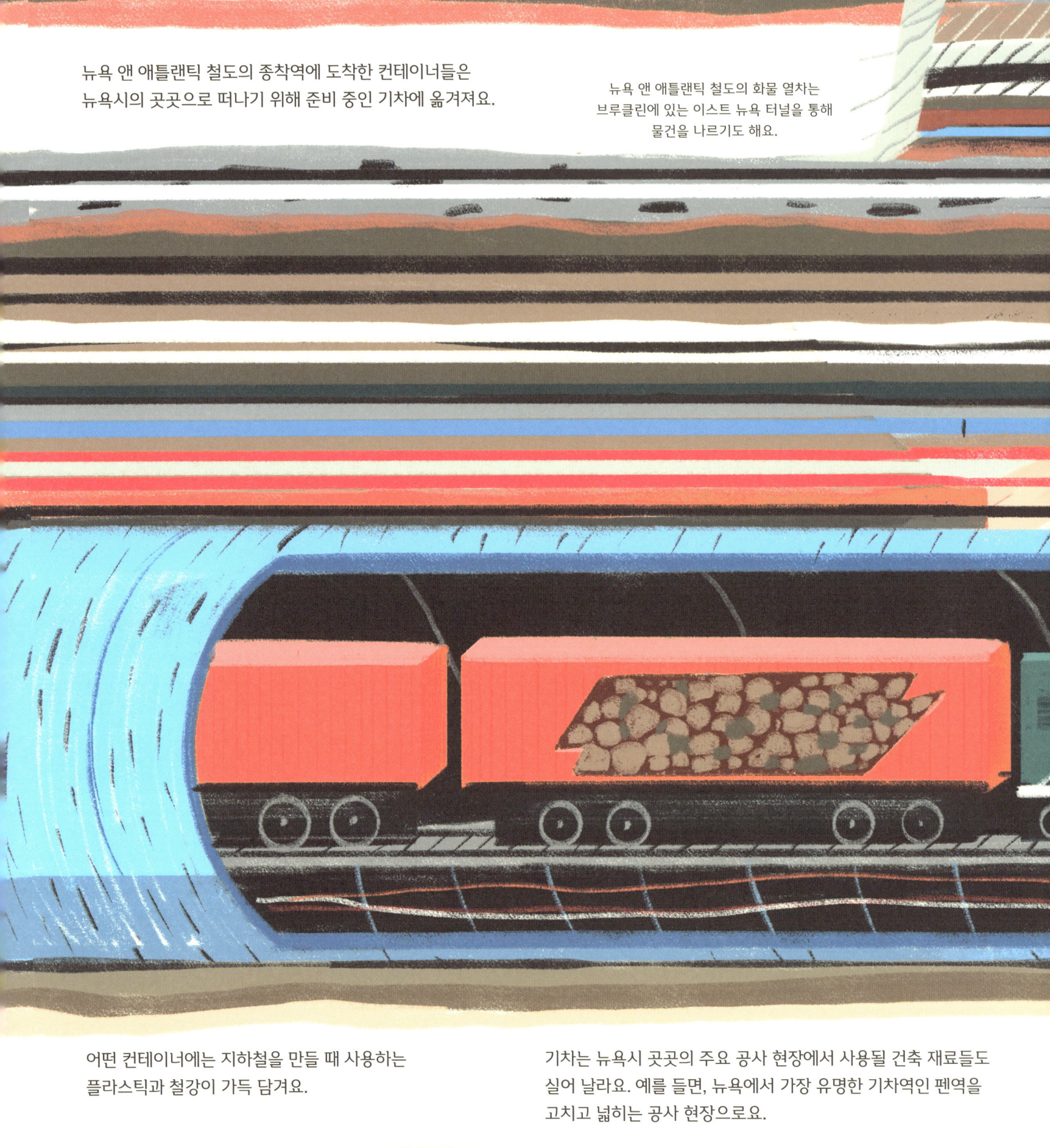

뉴욕 앤 애틀랜틱 철도의 종착역에 도착한 컨테이너들은
뉴욕시의 곳곳으로 떠나기 위해 준비 중인 기차에 옮겨져요.

뉴욕 앤 애틀랜틱 철도의 화물 열차는
브루클린에 있는 이스트 뉴욕 터널을 통해
물건을 나르기도 해요.

어떤 컨테이너에는 지하철을 만들 때 사용하는
플라스틱과 철강이 가득 담겨요.

기차는 뉴욕시 곳곳의 주요 공사 현장에서 사용될 건축 재료들도
실어 날라요. 예를 들면, 뉴욕에서 가장 유명한 기차역인 펜역을
고치고 넓히는 공사 현장으로요.

식품과 종이 제품, 모래, 광물, 돌, 흙, 유리 및 연료 따위의 화물도 실어 날라요.

저지시티에 사는 아를로도 아빠와 함께 롱아일랜드섬에 왔어요. 농산품 박람회가 열렸거든요. 두 사람은 지하철에서 내린 후 롱아일랜드 철도의 여객 열차를 타고 왔어요. 이 철도 노선은 뉴욕 앤 애틀랜틱 철도와 일부 구간이 겹쳐요. 농산품 박람회에는 아를로와 같은 노선을 타고 온 물건들이 많답니다.

아를로와 아빠가 먹는 핫도그와 아이스크림은 뉴욕 앤 애틀랜틱 철도 위를 달려 여기로 왔어요.

음식을 만들 때 쓰는 연료도 같은 노선으로 실려 왔어요.

발 밑에 깔린 자갈도 마찬가지예요.

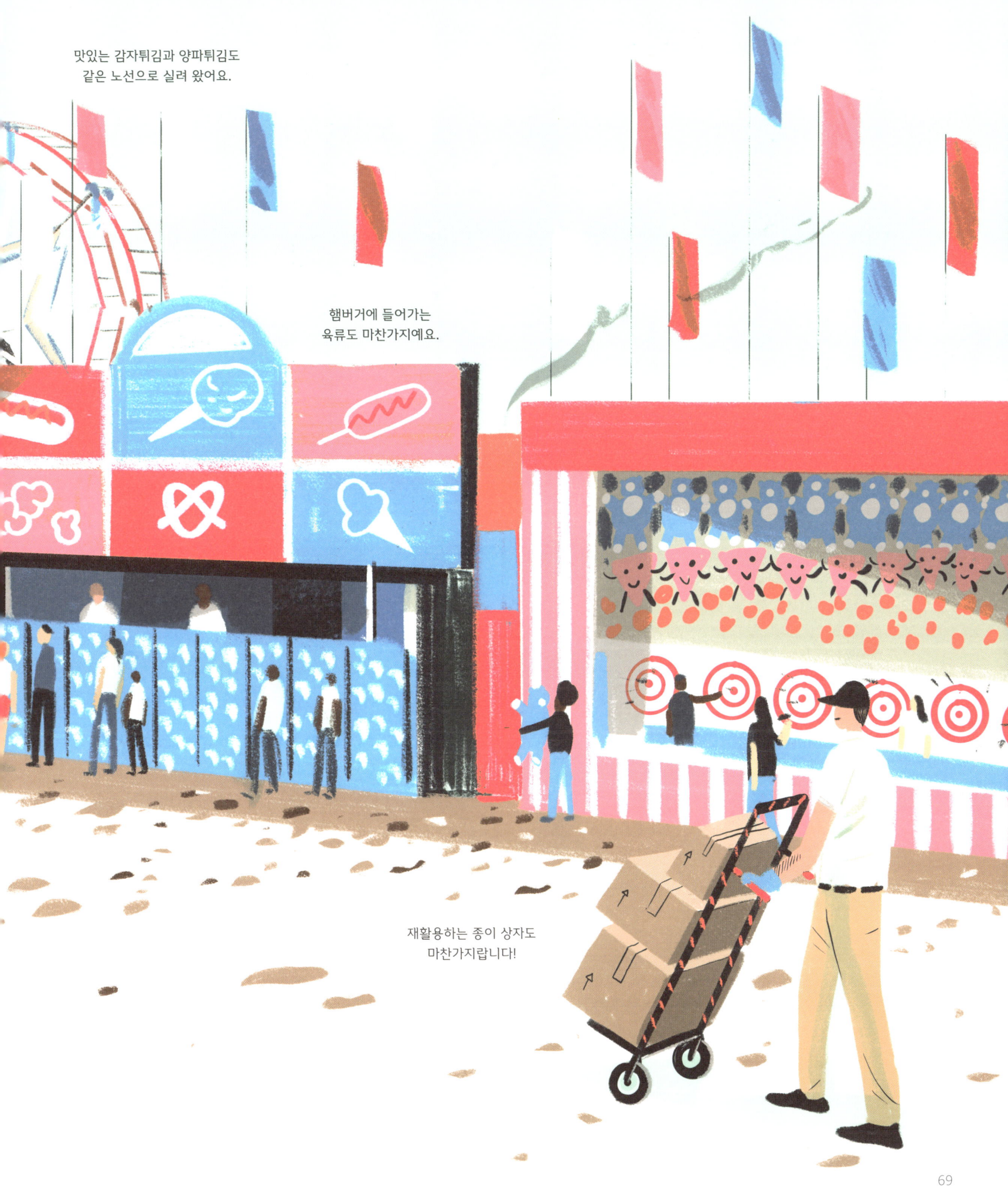

낱말 풀이

고가교 여러 개의 기둥이 받치고 있는 높고 긴 다리. 계곡이나 물길, 복잡한 도시를 철길이나 도로가 가로지를 때 사용된다. 산악 철도는 고가교를 이용해 험하고 가파른 지형을 가로지른다.

골드러시 새로운 금을 발견한 곳에 많은 사람이 몰려드는 일. 가장 많은 사람이 몰려든 골드러시는 19세기에 오스트레일리아, 캐나다, 미국에서 일어났다.

궤도 기차나 전차의 바퀴가 굴러가도록 철도선을 깔아 놓은 길. 다른 말로 철길 또는 선로라고도 부른다.

궤간 궤도에 놓인 철도선 사이의 너비. 넓은 궤간의 궤도는 커다란 차량이 다닐 수 있어서 실어 나를 승객과 화물이 많은 곳에서 사용한다. 주로 평평한 지형에 놓인다. 좁은 궤간의 궤도는 작은 차량이 다닐 수 있어서 인도의 산악 지대처럼 휘는 구간이 많고 가파른 지형에서 사용한다.

기관사 열차나 지하철, 선박, 항공기 같은 기관을 다루거나 조종하는 사람. 철도 기관사는 승객과 화물이 안전하게 이동할 수 있도록 기관차를 점검하고 운전한다.

기관차 여객 열차나 화물 열차를 끌거나 미는 커다란 차량. 증기의 힘으로 달리는 증기 기관차, 경유 또는 중유를 연료로 사용하는 디젤 기관차, 전기의 힘으로 움직이는 전기 기관차가 있다.

남반구 적도를 기준으로 지구를 절반으로 나누었을 때 남쪽에 있는 부분. 남반구는 북반구보다 바다가 넓고 대체로 날씨가 더 따뜻하다.

뇌조 들꿩과의 새. 편 날개의 길이는 17~20 센티미터이고 꽁지는 짧다. 한국, 일본, 중국, 유럽, 북아메리카 등에 분포한다.

밤하늘 보호 구역 사람이 만든 빛이 보이지 않도록 막은 곳. 인공조명이 많은 도시에서는 밤하늘에 별을 보기 힘들지만, 밤하늘 보호 구역으로 지정된 곳에서는 밤하늘과 별자리의 움직임을 또렷하게 볼 수 있다.

북극권 북위 66도 33분의 지점을 이은 가상의 선. 지구의 북쪽 끝 지역으로, 다른 지역보다 훨씬 더 춥다. 북극권 안에 영토가 있는 나라는 노르웨이, 스웨덴, 핀란드, 러시아, 미국(알래스카), 캐나다, 덴마크(그린란드), 아이슬란드가 있다.

선주민 먼저 살던 사람. 어느 한 지역에 다른 문화권의 사람들이 건너와서 새로운 전통과 사회, 문화, 경제, 정치 체계를 세우는 경우, 대대로 그 나라나 지역에 살던 사람들을 말한다. 선주민은 자신들의 언어와 전통, 가치를 지키며 살아간다. 자신들이 사는 땅을 어떻게 이용하는 게 가장 좋은지도 잘 알고 있다.

세계 유산 유네스코(국제 연합 교육 과학 문화 기구)가 다음 세대에 전달할 만한 가치가 있다고 판단해 보존하기로 정한 세계적 자산. 자연이나 인공 지역, 건축물 등이 있다. 스위스의 란트바서 고가교, 오스트레일리아의 바위산 울루루도 세계 유산으로 지정되었다.

시차 세계 표준 시간을 기준으로 정한 세계 각 지역의 시간 차이. 나라와 나라 사이뿐 아니라 땅이 넓은 나라는 같은 나라 안에서도 시간 차이가 생긴다.

청원 국민이 행정 기관에 바라는 일을 요구하는 것. 국민의 기본권으로, 법률이 정한 절차에 따라 국회, 지방 자치 단체, 관공서 등에 바라는 것을 요구할 수 있다.

카라반 사막이나 초원처럼 교통이 발달하지 않은 지방에서, 낙타나 말에 짐을 싣고 떼를 지어 다니는 상인 집단을 말한다. 다른 지역이나 다른 나라에서 직물, 향신료, 보석 등을 사고팔며 생활한다.

코이코이어 아프리카 남부 나미비아에 사는 코이코이족의 언어. 남아프리카의 많은 언어처럼 코이코이어도 어떤 자음을 발음할 때 입에서 딸깍거리는 소리가 난다. 사람들이 시곗바늘 소리를 흉내 낼 때 나는 '똑딱' 소리와 비슷하다.

태양풍 태양에서 나오는 전기를 띤 아주 작은 알갱이의 흐름.

톱니 궤도 철도 가파른 지형에서 사용하는 철도. 대부분 궤도 가운데에 톱니가 있는 철도선이 놓인다. 궤도 가운데 놓인 톱니와 기차 바닥에 붙은 특별한 톱니바퀴가 맞물리면서 기차가 궤도를 따라 올라가는 것을 도와준다.

화물 세계 곳곳에서 기차나 트럭, 선박, 비행기로 실어 나르는 모든 물품. 식품, 기계, 의료 용품 등 다양하다.

너새니얼 애덤스 글

작가, 디자이너, 저널리스트이면서 맞춤 정장을 만드는 일도 해요. 남성 스타일에 관한 책 『I am Dandy: The Return of the Elegant Gentleman』와
『We Are Dandy: The Elegant Gentleman Around the World』를 쓴 공동 작가이기도 해요. 기차를 타고 오래 여행하는 걸 정말 좋아해요.
그 열정을 첫 어린이책인 『기차 타고 세계 여행』에 쏟아부었어요. 미국 볼티모어에 살고 있어요.

라이언 존슨 그림

그림을 그리고 컴퓨터 그래픽 작업을 하는 일러스트레이터예요. 자신의 모든 작품에 색깔을 좋아하는 마음을 표현해요.
미국 공영 라디오(NPR)와 잡지사인 블룸버그 비즈니스위크, 스미스소니언, 보스턴 글로브 등과 일하고 있어요.
캘리포니아의 오클랜드에 살고 있어요.

우순교 옮김

대학에서 영어학을 공부하고 좋은 어린이책을 우리말로 옮기고 쓰는 일을 하고 있어요. 옮긴 책으로는 『여기 무엇이든 다 있어』 『메리 포핀스』
『구석구석 들춰 봐, 세계의 동물』 등이 있고 쓴 책으로는 『찰리 채플린, 세상을 웃긴 배우』 『지금이 가장 좋습니다』 등이 있어요.

박흥수 감수

현직 기관사예요. 20년 넘게 철도정책과 철도의 공공성, 남북대륙철도사업을 연구하고 있어요.
10여 년 전부터 사회공공연구원 철도정책 객원 연구위원으로 활동하며 인터넷 신문 〈프레시안〉과 〈한겨레〉에 철도에 관한 글을 실었어요.
지은 책으로 『철도의 눈물』 『달리는 기차에서 본 세계』 『시베리아 시간여행』 이 있어요.

북극곰 궁금해 시리즈 13

기차 타고 세계 여행
여러 나라의 흥미진진한 철도 이야기

2021년 8월 1일 초판 1쇄 ‖ 2022년 8월 21일 초판 3쇄

글 너새니얼 애덤스 ‖ 그림 라이언 존슨 ‖ 옮김 우순교 ‖ 감수 박흥수
편집 노한나, 이지혜 ‖ 디자인 전다음, 양태종 ‖ 마케팅 이경화, 신유정
펴낸이 이순영 ‖ 펴낸곳 북극곰 ‖ 출판등록 2009년 6월 25일 (제 300-2009-73호)
주소 서울시 마포구 독막로 320 B106호 ‖ 전화 02-359-5220 ‖ 팩스 02-359-5221
이메일 bookgoodcome@gmail.com ‖ 홈페이지 www.bookgoodcome.com
ISBN 979-11-6588-119-1 77400 | 979-11-89164-60-7 (세트) ‖ 값 18,000원

Tales of the Rails Legendary Train Routes of the World
Illustrated by Ryan Johnson
Written by Nathaniel Adams
Original edition conceived, edited and designed by gestalten
Edited by Robert Klanten and Maria-Elisabeth Niebius
Published by Little Gestalten, Berlin 2020
Copyright © 2020 by Die Gestalten Verlag GmbH & Co. KG

이 책의 한국어판 저작권은 오렌지에이전시를 통해 저작권사와 독점 계약한 북극곰에 있습니다.
저작권법에 의하여 한국 내에서 보호를 받는 저작물이므로 무단 전재 및 복제를 금합니다.

제품명 : 도서 | 제조자명 : 북극곰 | 제조국명 : 대한민국 | 사용연령 : 3세 이상
주의! 책 모서리가 날카로우니, 던지거나 떨어뜨려 다치지 않도록 주의하세요.